# Mi corazón muerto

Mi corazón muerto es el fantasma
que rasguña la ventana nocturna
hauntología poética

---

# 1
# Mi corazón muerto

---

**Debret Viana**

Mi corazón muerto es el fantasma que rasguña la ventana nocturna
Hauntología poética
**1. Mi corazón muerto**
*Debret Viana*

1a edición

**Editorial Hojas del Sur S.A.**

Albarellos 3016
Buenos Aires, C1419FSU, Argentina
e-mail: info@hojasdelsur.com
**www.hojasdelsur.com**

ISBN 978-987-8916-57-6

Diseño de tapa e interior: Enfoque Editorial
Diseño de colección: AADG Studio

**Debret Viana**
  Mi corazón muerto : hauntología poética 1 / Debret Viana. - 1a ed. - Ciudad
Autónoma de Buenos Aires : Hojas del Sur, 2023.
  134 p. ; 23 x 14 cm. - (Hauntología poética / 1)

  ISBN 978-987-8916-57-6

  1. Poesía Argentina. I. Título.
  CDD A861

*A todo lo que sin existir, existe.*

*A lo que se fue y sin embargo,*
*sin estar, se quedó.*

*Al halo fosforescente de la ausencia,*
*a todo lo espectral que nos habita.*

*A todo lo que inventamos para no estar solos*
*en nuestra soledad infinita.*

*A la noche que crece en mí;*
*y a todo lo que me empuja para*
*no dormirme en ella del todo.*

*A los fantasmas, que se aferran*
*al mundo mejor que yo.*

vpenpnpvnpnpcinwpibpiwnvpwbvpiwvbpwbvpibvipdbjlbvnuovbwuig9cn0whneihbewn0whc09whv09hc09wnc0rhv0b09vb0w8vb0wvb0wdnugwdhcuwhovLa hauntología, como alternativa a la ontología, se centraría en el estudio del conocimiento, no tanto de los seres o **presencias** reales, sino de todas sus ausencias que, por debajo de su aparente invisibilidad o **irrealidad**, continúan persistiendo de otro modo.mñefvpñvw vpñvrkmrekmvrmnvrnvenkbnlnsknbsklnblnblnvrnnvlwenvernvolernbnenrbolbernlbnlkbnlsnblsnlbnknkllbsnkcnnbklnkncn wiocnioiwnw bfccbebieoebcbcb el pasado no puede ser olvidado el futuro hfnnwhcowhcowhchowe no puede ser recordadonvpivnrpnvprvnpnevipvernvipenvpnevnpe ncwioncoicnoiweoncoinojo,ddcbibeoeuobccknceibccoiebodviebviovbovebb hay un **desierto** allá afueraopnpnvpnpvnpnrpnpvn nvpenvipvnrvipvnvipvernbboubvouebvoeubvuovbvuovebouboubc3uboqbvbobuqbuivvuwbobobobqobouqobovnovenopjbsbsnisbibubcoqobuwifbcbooububoeubfweuibfocinouebowubeuobvviuviuvivivivvdeseo de confrontación con la paradoja de la "visibilidad **furtiva** de lo invisible" o la "invisibilidad de algo visible"ivnivpi3rvpi3vipvr3pvpripviprpvi3pivbpibibvipvnrinpomvivivninpeiobinpripAnd fade out again and fade out againAnd fade out again and fade out againAnd fade out again and fade out again And fade out again and fade out again And fade out again and fade out again And fade out again and fade out againAnd fade out again and fade out again And fade out again and fade out again And fade out again and fade out again And fade out again and fade out againUn tiempo que, como recordaba Derrida, está "desarticulado, descoyuntado, desencajado, dislocado, trastocado, acosado y trastornado, desquiciado, a la vez desarreglado y loco"nvnvklv bvbeivbeivbebvebvebvoebvuovbebckjknbokmjnjbcbjhvxtcytcwvviuvjbwjlcblnrpbmpopiopiohiehoben la actualidad, el dispositivo de control ya no es el secuestro, es el teletrabajolbuouvvovouvo uvuovuooibowod ucnwocen oirf iowno ivoibio vbeiovbeovbeobvoboebvllamamos hauntología a la "ciencia de los espectros"vnpvrnpvnerpvnripnv eiprnvp nivnwivnpwvwipvpwbvpwbipvbwivbwipbvipvbvimdkmvwipmciipfnipwnvipvnwipvbpiwvbpivbwipbvibidnvprealism is far behindinpwnvpwipnvwivipvwdnvpiwnipvnwipvnobowueuuiwuicvicñvenvpnernpvnrpvnrpvnMark Fisher se ha referido a la hauntología como el concepto que recoge «el hecho de que nada goza de una existencia positiva. Todo lo que existe es posible únicamente sobre la base de una serie de **ausencias**, que lo preceden, lo rodean y le permiten poseer consistencia e inteligibilidad».npinpineipnipenvipvenrpivbeipbwuobvuovbwiocnoriomgopgm3pnpgivno3n4phgi3wnvipv4wn34pg4i4gnepepnnpwingpwbpvnwEsta palabra es la traducción literal del neologismo de origen francés, hantologie, formado originariamente por las palabras hanté (encantado, fantasmal, espectral) y ontologie (ontología) , traducida al inglés como hauntology y adaptada español como «fantología», «espectrología», y más recientemente, «hauntología». ~~v0nirnionvonoinodnoiiovbribiowborjoeokokokwiohbibevvuvgqdeaxeqeaxtyadccdiuvciwbflwbiqutdutcduidbiwegwbveiehrhntyoriohw3ifho2iffbiof3opo2hoiiofgwioqduwoggwgwihowho~~El fantasma, a su vez, es la frecuencia de cierta visibilidad: la visibilidad de lo invisible. El espectro es aquello que imaginamos, que creemos ver y que proyectamos en nuestra pantalla. ~~fiowiovoiewnoiwniocwenoenviovw~~A veces, ni siquiera hay pantalla. El espectro primero nos ve, del otro lado del **ojo**, como una "mirada visceral" y, entonces, nos sentimos observados, vigilados… quizás **poseídos** ~~ibni0envebiowdbciocwnciocwneicniwnvoweovnweiocno error404040404 buowbvobwebovbboweiobviovwbovbwodcnwovnoweiobvobweoviwbovbwovbowbvbwbouebo2ibnip4npgn4mpin34ipgn3443~~Los humanos se extinguirán primero que sus cuerpos. Es la humanidad en nuestras biologías la que está desintegrándose. En un mundo dominado por la IA lo único que hay es mercado. Las máquinas seguirán comprando cosas cuando ya nos hayamos ido. ~~ip4gnip3ngipg3n4gip~~pero antes nuestros hologramas regarán las flores de plástico del postapocalipsis~~gn34igni34gni34ng ipgn34gipgn3 4pign34 gnipg 3~~nouvellevaguelebroncurrylukaempanadadiarreasoronguilbbatataregionalepatalginosoenlosfiordos10cmawan-temessitodoestoesre~~blackmirrornigni3nig3n3~~hay dos tipos de espectros ~~ivniown viovwniovwn iovnwiovnvi o vweineiovnwi ovnwivnvown rionvrioniownw~~los de los muertos y los nuestros,~~iovhivhoriovhwriohowiohiovhwroovhowhvohovhhuwv~~los espectros del **futuro** jiviyvuycutcytcchrtcxzh~~Leukemia schizophrenia Polyethylene There is no significant risk to your health She used to be beautiful once as well Plastic bag, middle class Polyethylene Decaffeinate, unleaded Keep all surfaces clean~~Haunt refiere tanto al lugar de vivienda como a lo que la invade y perturba. El diccionario Oxford indica que uno de los más tempranos significados de la palabra es "proveer de una casa, de un hogar"~~Futures tricked by the pastSpectre, how he laughs Fear puts a spell on us Always second-guessing loveCause I can't face the evening straightYou can offer me escape Houses move and houses speak~~los poetas son aquellos mortales que cantando gravemente recuperan las huellas de los dioses prófugos permanecen en esa huella y trazan así para los mortales sus hermanos el camino de regreso pero quién entre los mortales es capaz de descubrir semejante huella ~~no importa si alguien dice la verdad, nadie se daría cuentavowbowncee uwubcuiwbcuicwbiejb pnienicnw ncunqube ñamfrifiu~~hay dos tipos de espectros, los de los muertos ~~ojncuocwbo~~ y los nuestros

*Hace ya miles de años que la pálida Ofelia*
*pasa, fantasma blanco por el gran río negro;*
*más de mil años ya que su suave locura*
*murmura su tonada en el aire nocturno.*

**Rimbaud**

*I am lost / I'm a ghost / dispossessed, taken host /*
*my hunger burns a bullet hole / spectre of my mortal soul*

**Radiohead**

*Uno puede pensar en una persona ausente*
*y puede tocar a una persona presente;*
*todo lo demás supera las fuerzas humanas.*
*Pero escribir cartas significa desnudarse ante*
*los fantasmas, cosa que ellos aguardan con avidez.*
*Los besos escritos no llegan a destino,*
*son bebidos por los fantasmas en el camino."*

**Kafka**

*This machine will, will not communicate*
*These thoughts and the strain I am under*

**Radiohead**

*¡Fantasmas del mundo, en pie! No tenéis nada que perder,*
*solo las cadenas."*

**Terry Pratchett**

*and everyone has a heart and it's calling for something*
*we're all so sick and tired of seeing things as they are*
*and the little white shape dancing at the end of the hall*
*is just a wish that time can't dissolve at all*

**Nick Cave**

*hopelessly adrift in the eyes of the ghost again*
*down on my knees and my hands in the air again*

**Robert Smith**

# Rakiura[1]

ey, vení, escuchame

esto no es un poema

estoy tratando de hablarte a vos

ahora que no podemos hablar

o que no nos entendemos

vos sabés quién sos

vos viste detrás

de las cosas que escribo

te dejo esto acá

ya sé, ahora es mejor que no pase nada

pero estuvimos cerca una vez

esa cercanía, más adelante,

va a ser importante;

esto no es un poema

es un mapa.

---

1   46°53'03"S 168°08'41"E •

escuchame,
cuando todo se vaya a la mierda
a la mierda en serio
cuando todo explote
y lo que no se coma la peste
se lo repartan los zombies
cuando el aire sea infecto
y la noche ya no termine nunca
recordá este nombre
Rakiura
decilo en voz alta
Rakiura
dejá que tu boca lo aprenda
cuando los tsunamis
hayan barrido las ciudades
cuando los asteroides
hayan quebrado el planeta
cuando no quede una gota
de wifi ni de whisky
Rakiura

es una isla

al sur de Nueva Zelanda,

frente a la costa de Bluff

en Rakiura, cerca de Oban

hay una playa

la playa del muerto

suena dark, ya sé

pero es hermosa

y no hay nada ni nadie cerca

ahí te espero

recordalo, anotalo,
hacé una cruz
    en un mapa
    guardalo a un costado de tu mente
aprendé todos los caminos que te llevan
        a Rakiura
 y después olvidalo
    olvidalo todo, olvidame a mí
    viví tu vida
    dejalo todo atrás
como si hubiese sido un desliz
de la imaginación


    que sean Rakiura, vos y yo un plan Z
        sembrado hondo
            en el fondo fantasmático
            del espejismo
            de tu alma dormida que sueña
        que no existe

pensé mucho en nosotros dos
ahora que ya no tenemos
nada que ver
hoy es a la vez
demasiado tarde y demasiado temprano
para palabras
pero una sola cosa sé:
vamos a perder;
sea lo que sea que pase
vos y yo perdemos,
sé poco de la guerra pero sé que es algo
que ganan los otros
nunca vos y yo
vos y yo tenemos que correr
tenemos que inventar
un lugar en el futuro

por eso cuando todo falle

cuando hayan caído quemados

todos los puentes

cuando no quede nadie que te cuide

y todo refugio se haya derrumbado

cuando la fiebre arrase

o el hambre arrase

o el calor o el frío

o el capitalismo arrasen


al borde del fin de todo


ahí:     Rakiura,

la playa del muerto

el nombre va a aparecer en tu cabeza

el viento va susurrar el nombre

y en tu memoria encendida

se van a activar los caminos

que te llevan

a Rakiura

no hay nada ahí
no hay nadie
        y yo mismo
        nunca fui
guardo ese rincón de nadie
            al borde de la nada
para cuando los volcanes enloquezcan
        cuando los alienígenas nos derriben
        cuando los enanos se organicen
                y clamen venganza,
        voy a levantar ahí
            una pequeña cabaña
con una ventana
            con vista al mar
                para esperarte.


            esto no es un poema:
                es un mapa:


                    buscame.

y si llegás primero
         juntá algo de leña
         para el fuego
que yo, donde sea que esté,
                  estoy yendo

y si yo no llego nunca
este lugar es tuyo
tirate en la arena a ver
cómo el mundo se apaga cuando atardece
mañana habrá
otros mundos para malgastar
siempre hay algo que empieza
después del fin de todo y siempre queda
algo pendiente en cada final
que nos hace compañía


mi fantasma te mira
desde la ventana de la cabaña
en Rakiura

## Glitch

tu amor fue
como el lugar del bosque
donde el arco iris cae,
esa parcela en el verdor del pasto
detrás de un tronco caído
iluminada a la distancia
para que me acerque tentado
por ese glitch de colores imposibles
y corra bosque adentro para ver
                una vez ahí
que el espejismo de la luz
se desvanece
cuando lo alcanzamos
            y que no había nada
        donde nunca hubo nada
salvo bosque alrededor,
y la noche
que ya crecida despierta
a las furiosas flores nocturnas:
criaturas terribles y animales hambrientos
que se acercan
para comer mi corazón;

pobres, pensé

cuando me abran y me partan

y saquen afuera

lo que tengo adentro

y revuelvan mis tripas con sus garras

no van a encontrar nada

porque no pueden sacarme dos veces

lo que nunca tuve.

# Los amores espectrales

mi corazón es un fantasma caprichoso
murió hace mucho
y lo enterramos en mi pecho;
  nocturnamente me ronda
como si mi cuerpo fuese
una casa abandonada;
  es un niño solitario
que juega cerca de su tumba
a romper las ventanas
    a piedrazos

cuando te amé no te amé a vos
        sino a una imagen tuya
un reflejo que se quedó cuando te fuiste,
le hace compañía al fantasma
        de mi corazón
se llevan bien los dos, me deambulan
en las madrugadas
        hacen crujir
        con sus pasos espectrales
las maderas de los pisos que no visito,
abren y cierran a deshoras
puertas de habitaciones clausuradas
a veces me espantan
y a veces me entristecen
    pero los perdono
porque no existen y porque se divierten
y porque la eternidad es larga y solitaria

    quizás el amor no era para mí
    sino ser un lugar dentro mío
    donde las cosas que perdí
    se reencuentran
    y se enlazan y viven
        una vida
            sin mí

por los vidrios rotos de las ventanas
de mis sueños
los sueño pasar
pareciera que casi se tocan
pero son transparentes y se atraviesan
son como luces
que se cruzan y se enredan y danzan
alumbran la noche eterna
de la casa abandonada que soy
como un reflejo de las chispas
de una fiesta en otra parte
a la que nadie me invitó


algún día yo también
voy a abandonar la casa abandonada
ojalá me estén esperando y me expliquen
cómo llevarme conmigo
a los amores espectrales
que crecieron como flores
en el barro sepulcral
en el que me enterré vivo
mil veces
y mil veces salí
como un fantasma de mí mismo
a arrancarlas

# lluvia en la ventana

me desperté y te vi;
me decías algo
del otro lado de la ventana
un murmullo
que se enredaba con el viento
casi me levanto a abrirte
y después vi que llovía
y que no era tu cara
sino gotas que resbalaban
por el vidrio
y hacían dibujos
que se parecían a cosas
que tenía hundidas
en mi memoria

       me di vuelta y seguí durmiendo
       y soñé que era muy muy viejo
       y que me acordaba de vos
       y me dolía
       no haber sabido nunca
       qué me dijiste esa vez
       que fuiste lluvia
       en mi ventana

**errar**

todas las mujeres que me amaron
estuvieron equivocadas
un rato
después se les pasaba
el error
y el amor
pero algo
de lo que se pierde
se queda:
el hueco donde anida lo perdido
se llenó
de lluvia
y de reflejos de lugares
en los que me dijiste
que me querías;

estabas equivocada y te fuiste

apenas te diste cuenta pero

el gesto de tu error

abrió en mí

una ventana

desde donde se oye el mar

y que todavía da

a un jardín

por el que a veces creo

que te veo volver

y sonrío

aunque no vuelvas

nunca.

cuando me vaya me llevo

cosas que no existen

salvo dentro mío

cosas que se fueron,

que se terminaron,

cosas que hicimos hace mucho

y ya no hacemos,

cosas que iba a hacer

y nunca hice

personas que ya no están,

voces que escuché

y que ya callaron;

un puñado de momentos

un ensamble de imágenes

de sueños arremolinadas

pestañean

en mi vida anochecida;


tengo todo lo que tuve

y me lo guardo

para visitar en los días de lluvia

y de catástrofe

el sabor de tus labios
que ya no me besan
o de la pastafrola de mi abuela
que murió
hace cinco años
son cosas que en el mundo ya no existen
pero a las que vuelvo
si aprieto fuerte
los ojos;
tengo una máquina
del tiempo
rota
en mi memoria
me lleva a mi pasado
pero mi pasado está lleno
de fantasmas que hacen mímica
y yo me vuelvo pronto
otro fantasma que me imita
hasta que encuentro
otro fantasma que me imita mejor
y nunca sé cuál de los dos
vuelve conmigo

y cuando la nada me pida todo
   se lo doy
porque nunca lo tuve
  y si tuve algo
   lo malversé con gracia y lo dejé
     enredado en el lenguaje
como un dios que entierra
  los huesos
de un animal que soñó
pero que después, distraído,
  se olvidó de inventar

¿no somos todos un poco algo
que se quedó en el camino?

   mientras me voy
     no me despido
     de las cosas que perdí:
       vuelvo a ellas.

la eternidad es la marea de la nada
a veces murmura lejos
a veces nos moja la punta
        de los dedos de los pies


        algún día nos va a tragar


    y disueltos
    en la marea de la nada
        seremos pronto marea
            y eternidad


        pero no hoy
hoy nos lavamos las lágrimas en la orilla
        y miramos en los charcos
        cómo tiembla el cielo
            antes de venírsenos encima

en la huella que dejamos en la arena
        entra el mundo
        que muere con nosotros
        cuando morimos


una vez tuviste el mío
en un cuenco
    que hiciste con tus manos
        y lo dejaste caer
        para hacer un gesto
    que no hiciste


        quise
        decirte algo pero no dije nada
éramos barcos
que iban a distintos puertos
y que al cruzarse en el mar
        se despiden con palabras
        que no llegan a decirse.

ya nació en el horizonte
la ola
        que nos va a borrar
        pero crece lento y tarda
todavía hay tiempo de que encontremos
algo
por lo que valga la pena
perderlo todo
algo
de lo qué despedirnos
cuando el pulso anochezca


        en el cuenco que hago
        juntando mis manos vacías
    entra todo lo que iba a darte
        y nunca tuve;
        ojalá algún día
            me lo devuelvas

somos perros

que ladran y corren camiones en la ruta

    a la sombra del tsunami.


                y el sol en el horizonte

              es la punta de un cigarrillo

                que se apaga en el piso

## ya pasó


no podemos saberlo
  pero quizás
el momento más feliz de nuestras vidas
   ya pasó
   y solo nos resta
miseria, enfermedad,   la muerte
    o mil desgracias
  no podemos saberlo


   si algún día
   después de leer esto
tu alma pestañea en mitad de algo
   y te abstraés un segundo y pensás
   ey, esto está bueno, me gusta
    estar acá ahora
  recordá
  quizás es la grácil e invisible mano
   de la felicidad
    diciendo adiós.

## Ofelia en mi taza de té


una gota brotó
de mí o de vos
llovía o llorabas
no sé, qué importa
la gota se hizo río
y quedaste en la otra orilla
me pareció que ahora
quizás por el reflejo
de la luz en el agua
estabas más bella que nunca
te lo dije y creí
que todavía me escuchabas
no llegué a ver
el gesto en tu cara
cuando me dijiste:
te parezco más bella ahora
porque estoy en la orilla de enfrente
debió haber sido
un gesto hermoso

nos distrajimos
y el río creció
se hizo océano y tu vida
        fue para mí
    otro continente
a veces tiraba avioncitos
o bollos de papel
contra el horizonte
    con las cartas que te escribía
            las que te llegaban
        llegaron tarde
lo que decían ya no me pasaba
y si me respondías no era a mí
a quién hablabas
sino a vos o a otro;
    la tinta se corre
mientras la carta viaja
y el mensaje se trastorna
lo que te digo ahora
significa otra cosa
si te lo digo mañana
o lo digo nunca

mi cuerpo es mi casa
    y mi fantasma recorre
       las habitaciones abandonadas
      cruza el largo pasillo de cosas rotas
     que nunca empezaron
     y llega al jardín y se inclina
          ante el océano y ve
            que el océano era un charco
         dentro de mi pecho
ahí te habías ahogado
hace mucho
   y tu cuerpo hundido
   era como la sombra
   de una piedra del fondo
que flotaba cerca
de la orilla
y que brillaba en el borde del  agua
como la miel
de una perla enterrada.

ahí lleno mi taza

y bebo todavía

del agua manchada

    que mancha mis labios

con las palabras de un lenguaje indecible


el rumor de tu paso por mí

es de hebras molidas

al fondo

de una taza

que se enfría

    pero que llena

    mientras tanto

    el aire de la casa

no estás en ningún lado y estás en todas partes

    como lo que maté en mí

  para no morir,

    como lo que di

  y nadie me devolvió jamás.

como la silueta invisible

de las cosas desaparecidas

que cantan calladas en la memoria

lo que estuvo una vez en mí
está en mí siempre
aunque sea como algo
cuyo nombre
   el fondo de un sabor inexacto
  trae a mis labios y que yo
         no sé decir
  sin morderme primero
  y mojar cada letra antes
    en la sangre
    de la herida
  que aún cerrada vibra
en la piel
de la noche

## push, push

a veces siento que necesito
un nuevo amor
para empujar
a mis viejos amores
        atrás
    después cavo de mí
    una versión de tu fantasma
    y te amo otra vez
de un modo diferente
        un modo
    que nunca supiste
    que había en mí
        un modo
que sembraste hondo en mí
cuando estaba distraído
        mirándote
        mucho antes de que te fueras
            si lluevo la tierra
            del pozo que soy
se humedece y sueña

que del caldo de barro y llanto
                    bullen sombras
de cosas que no existen y que de lejos
quizás tienen labios que sin voz
                              dicen tu nombre
        como flores que asoman
por la boca de mis muertos

# repelente

amar repele al amado.
qué fácil sería
para vos amarme
si yo te hubiese olvidado.
pero para todo eso
es hace mucho tiempo
demasiado tarde;
me enamoré de esa vez
que me amaste fuerte
y rápido y mucho
durante el rato
en que no me conocías.

## chispa del incendio que no prendió

soy leña de mí mismo y me ardo
en el fuego
que no apagaste
al irte

todo final
cae de repente
es un hacha
que parte en dos
pero a la muerte hay que madurarla
es más bien
un lento desprendimiento
por eso el amputado
siente que le pica
la ausencia de su brazo
por eso después
de que el cuerpo se quiebra
el fantasma deambula
un rato más
por las habitaciones de la casa
y se refleja en los espejos
de los sueños
de quienes lo amaron.

**leñas secas**

me gusta verte bien después de tanto tiempo
que me cuentes cómo estás y que te va
de maravillas
con tu nueva vida
sin mí
ey, está bien, me alegra
a pesar de que en el fondo de tus ojos
todavía queda algo
de lo que hace mucho mucho tiempo
amé
como también en el fondo del tono de tu voz
hay algo triste
invisible
como una gota en el mar o lágrimas
en la lluvia de Tannhauser
seguro vos también ves en mí
algo
que perdí hace mucho
una chispa
del incendio que no prendió
pero estamos grandes ya
y vamos a hacer de cuenta que no vimos nada

aunque un fuego imaginario

crepite

en la madera de la noche

y nos despertemos masticando el humo

de nuestros espectros

      bailando juntos

      en la

         eternidad


un mano somnolienta va a estirarse

a través de los hilos de humo

y va encontrar un vaso

beberemos, cada uno en su rincón del mundo

un trago de agua

ni siquiera va a ser la misma hora

y seguiremos dormidos, lejanos, imposibles

mientras tu fantasma y el mío

se desvanecen

trenzados en un último gesto teatral,

bellísimo, inútil

para nadie

**#fyeo**

me amabas, ¿te acordás?
y por eso me conociste de un modo
en que yo nunca
voy a conocerme
y ahora que te fuiste
y nadie me mira como me mirabas
ya nunca voy a saber
qué veías
en mí
ni a quién ni qué hice con ese
ni si te lo llevaste
o se apagó
pero sé que es algo que ya no tengo
que nunca tuve
que vos veías porque era tuyo
porque lo inventaste o porque era
solo para tus ojos
como un reflejo en el vidrio
o un espejismo de fiebre
que se desvaneció de mi vida
con vos

# cosecha espectral

I

sembré tan hondo
mi idea de vos en vos
que no pude arrancar
los primeros brotes
cuando te fuiste

ahora es tarde
y veo crecer el fantasma
de lo que soñé que podías haber sido
a través tuyo
en las intermitencias
de vos misma

no te encuentro cuando te veo
y cuando no te veo
te veo mejor
te pareces a la que nunca fuiste
y siempre amé

**II**

de la idea de vos
que sembré en vos
floreció un bosque
lo veo alrededor tuyo
estira sus ramas fuera de vos
como puntas
de dedos
que buscan luz
crecen árboles de las sombras
que se tensan en la habitación
y crece también
un verdor encendido
que nunca vi
despierto

    todo me invita
    a volver a la espesura
    de tu daño y de tu encanto

soy otra vez un animal moribundo
        que entra en vos
          para aprender a morir solo.

**peste**

tu nombre es una peste
una canción funeraria, un himno
a los pantanos reptantes
digo tu nombre para invocar demonios
    y asteroides letales
para ahuyentar niños y animales
para que crezcan los inviernos, las plagas
    y las tempestades
tu nombre es un sonido maldito
que maldijo a los sonidos
que se parecen a tu nombre;
quien lleva tu nombre lleva para mí
una prohibición y una oscuridad
    y una puerta
que da al fondo de un sótano atroz
tu nombre es un daño
que me hago a mí mismo
para recordar los infiernos
que despierta pensar en decir tu nombre

tu nombre es un latido

cerrado en mi garganta

que casi digo

como quien casi empuña

un cuchillo ensangrentado

de sí mismo

tu nombre es una música y esa música es una llave

y esa llave

abre

algo

en mí

una puerta que da a una escalera

y al fondo del pasillo un lugar

al borde del mar

en el que murmuran las lluvias que nunca llovieron:

podría encontrarte ahí

por eso no voy, no te busco

por eso esa puerta

está cerrada y esa llave

está maldita

por eso yo mismo me fui de mí

y tu nombre es un poema innombrable

que mi boca calla y que no quiero escribir;

el viento nocturno lo murmura

como la promesa

    de una llovizna

que entra a la casa por la ventana que no cierro

para vigilar que en el vidrio empañado

el dedo espectral de algo que en mí no murió

del todo

  no dibuje

    un nombre

      que te llame

## Próxima centauri

el sol queda lejos
y está a 0,000015 años luz
que más o menos serían 8 minutos-luz
la estrella más cercana a la tierra
se llama Próxima Centauri,
queda a 4.243 años luz
lo que veo en el cielo nocturno
es la belleza
de una distancia inhumana, irredimible
Próxima Centauri tiene 4.853 billones de años
la tierra tiene 4.500 millones de años
el primer rastro humano
es de poco más de 2 millones de años
no es improbable que todo lo que haya vivido
en este planeta
haya mirado al cielo nocturno alguna vez
y visto esa luz que toca nuestra retina
después de viajar 4.243 años luz

nada de todo esto significa algo


salvo quizás que hay un tipo de belleza
en la luz
de ese lugar que veo en la noche
y al que nunca voy a ir y que nunca voy a tocar
    la belleza de que algo existe
    de que lo puedo ver si lo busco
        en la oscuridad
de que su luz me toca
aunque no sea mía ni sea para mí
      una luz que vieron
todos los muertos que caminaron
      este planeta.


hay para mí una estrella
más cercana     que la estrella     más cercana
    y es la luz
     de tu lejanía
      que ronda intermitente
       mi noche y mi memoria
       y resplandece
        sobre partes mías
que descubro que son mías al verlas alumbradas
       por esa luminiscencia

amo, borracho de noche
    a tu ausencia satelital
        que ronda la casa cuando cierro los ojos
y me pienso a mí mismo
 como una casa
  y a tu amor, ya extinto
       como la humedad que deja en la ventana
el suspiro de un fantasma
        que se asomó para verse
            cuando estaba vivo y pensaba
que amaba a alguien y que alguien
                                lo amaba.

**ton 618**

no me interrumpas mientras caigo


estoy yendo
a buscar algo
que sin caer no encontraría

## sábana en el piso

yo era

la casa embrujada

y mis muertos de noche

me caminan

sus pasos crujen en las maderas

su aliento empaña los vidrios de las ventanas

en los que el dedo

de todo lo que maté en mí

para no morir del todo

escribe mensajes

que no entiendo y me cita

en habitaciones a las que no entro

o de las que no salgo;

yo era la casa embrujada y mis muertos

me saludan y me llaman

para que les haga compañía

soy las sábanas de un fantasma

que tiré al piso

para que alguien levante y sepa

de mi soledad y de mi frío

y que nadie levantó

**espejismos palaciegos**


¿está mi cuerpo irresuelto?
    ¿es una incógnita que tiembla
      mientras estira los dedos
        hacia el amor?
  quizás el rocío
que iba a despertar la primavera de mi piel
      pasó
      mientras yo
        era otro.
qué me queda ahora salvo
el palacio de la fantasía
en el que sueño
    tu rostro
  que nunca vi
    y sueño
    que lo amo y que no me ama
    y que alguien con un rostro
  parecido al tuyo
    me consuela
de que vos no existas ni me ames
y me explica que pronto
tampoco yo voy a existir

y voy a poder encontrarte
en la eternidad
de la inexistencia
donde me esperás
para inventarme.

## mis fantasmas

se desprende un fantasma mío
        de mí cada vez
        que un amor me deja atrás
         y se va
        con la que se fue al principio
de todo esto
y otro fantasma mío
se queda conmigo
            y da vueltas por la casa
            buscando al fantasma
            de la chica que me quiso
mucho y fuerte un rato
            y después me conoció y se fue
            pero ese fantasma
            me lo guardo para mí
        porque no es el fantasma de ella
sino el fantasma
de un momento

tengo la casa embrujada
de fantasmas míos que hacen ruido
en las maderas de la noche
    versiones de mí de cosas
        que no hice o que hice mal
        que iba a decir y no dije
        que escribí y taché o rompí
cada fantasma es una carta no enviada
  que el viento del invierno
  me murmura
        y que yo copio en papeles
        que al rato quemo
para que alguna luz
me acompañe hasta la mañana


        guardo el fantasma de un momento
        como doblo la punta
de la página de un libro:
        para volver a ver
         lo que amé una vez,
        y ver también de nuevo
        los ojos que tuve
        cuando miraba lo que amaba;

cuando vuelva
               a ese momento, ya lo sé,
     yo voy a ser el fantasma
y mis manos espectrales van a atravesar
        sin tocar
        cosas suyas que ya no existen
               y que me conmovieron
y va a despertar la memoria de su piel
        en mi tacto transparente

        no importa: no les pido
         a los momentos en que fui feliz
             que vuelvan
         sino que cada tanto me recuerden
             que una vez, hace mucho,
             estuve vivo.

## sobre la tumba de mi corazón


alguien camina
sobre la tumba de mi corazón
        y de repente el café en mis labios está frío
        y mi ropa es de frío
     y todas las ventanas abiertas susurran
     el verso que te debo
              en el viento
        es un instante nada más y después
        la tibieza
        del río de mi sangre
        bombea otra vez


morimos muchas veces mientras vivimos: solo así
        vivimos aun sin haber muerto del todo



        a veces quiero preguntarte dónde
           lo enterraste
          pero, ¿para qué?
   lo descuidaste cuando no sabías que era tuyo
        no puedo culpar a nadie

yo no sabía que tenía uno
   ni que te lo había dado
      ni que un corazón que no se perdió
         ni se rompió
late en vano
en un cuerpo muerto


además, ¿qué haría con él si lo encontrase?
¿destruirlo? ¿rifarlo? ¿dárselo a quién
         si nadie querría tenerlo?



alguien camina sobre la tumba de mi corazón
      que sean pasos casuales, espero
      que no lo busquen, que no lo encuentren
      que no lo resuciten ni me lo devuelvan;
         en el hueco
         que dejó en mi pecho sembré
            un jardín imaginario
      al que voy cuando estoy solo
         a ser yo
               íntimo y entero
como un sol que solo brilla
cuando imaginás que brilla

# deg

somos una partícula de nada
flotando hacia ninguna parte
carne que siente y sueña
a punto
de ser pulverizada
lo que importa es saber
que nada importa
salvo dos o tres cosas
que no vas a encontrar a tiempo
y la belleza del gesto
con la que te despidas
de todo el amor perdido
que no supiste abrazar.

**un rato más**

     todos los animales
que acariciamos en nuestra infancia
están muertos
    nosotros nos demoramos aquí
         un rato más
tardamos más que ellos
   en entender
   que todo lo que vimos
   nos decía lo mismo
   que nos dijo cada momento
que amamos
y cada amante
que tocó nuestra piel:
      adiós.

cada gesto que te doy
cada palabra que te acerco
es una lentísima despedida
de alguien
que no sabe irse.

## mi arte es desesperación


mi arte es desesperación;
hago música con las piezas que no encastran
quizás a alguien alguna vez le haga bien
nunca se sabe cuándo termina un poema
pero yo todavía estoy aquí
y las piezas siguen sin encastrar
    ningún verso
       resuelve nada

mis poemas son para mí

para distraerme del ruido que hace

    el silencio

    que crece dentro mío

mientras todas las certezas del mundo estallan

como el mar contra las rocas

y se disuelven como la espuma

       de las orillas;

mi arte es desaparición,

es donde no estoy

es el refugio en el que me escondo

para que el horror del mundo

me olvide

todo lo que nos distraiga del agujero que crece

en medio de nuestro pecho

      nos salva un rato

¿dónde nos iríamos a caer

sino adentro

de nosotros mismos?

cavamos el pozo en el que nos hundimos

y si tenemos suerte desde el fondo

vemos en las estrellas muertas

el reflejo de las luces

del desmoronamiento de la eternidad.

¿qué importa al final?

el amor no nos amó

y lo que amamos miró, al vernos,

para otro lado.

**para empujar lejos**


ayer fue
la última vez que te hablé
pero también hace años
de la última vez que respondiste
supongo que eso tiene algo que ver con el amor
   hablarte en mi cabeza
    y que eso me salve un poco
    día a día
como esos perros sin casa
que caminan las madrugadas del invierno
no porque estén yendo a algún lado
no porque busquen a alguien, no:
caminan para que el corazón bombee
        un poco más,
para no entregarse al frío,
para empujar lejos la última noche,
para empezar otra vez
mañana.

**fantasmas bailan en la noche**


ayer me desperté a las 3

y salí al balcón

y en el balcón de enfrente

vi como el viento movía ropa colgada

y me pareció que eran

dos figuras solitarias

que intentaban tocarse en la noche

y pensé que esos

podríamos ser vos y yo

muertos, dentro de mucho tiempo

flotando como sombras en la eternidad

reencontrados por fin

estirando nuestros dedos fantasmales

hasta llegar a tocarnos y ser

un mismo no sé qué espectral

que danza en la noche

como dos bolsas de plástico en el viento

**mi corazón muerto**


el amor
          había sido
un delirio literario
un trastorno implantado por el cine


¿por qué ahora
es el gps del naufragio,
la medida de la desesperación,
el silencio entre los latidos de tu corazón,
cada vez más hondo
cada vez más audible?

como si tu corazón hubiera sido

atropellado por un auto en la avenida

       y enterrado

en un cementerio indio

y ahora araña la ventana

con sus dientes podridos

mientras soñás que en alguna parte

alguien sueña

que te ve a través de su ventana

     y sonríe


mi amor es una canción que no existe

susurrada para mí

por el viento de la noche

mientras fumo en el balcón y pienso

sí, todo esto fue absurdo

         y bello

y nadie sabrá nunca nada

del íntimo sol

que se desvanece en mi pecho

ni el vértigo

de haber visto lo que vi

y de haberlo perdido;

     y está bien que así sea:

mis penas son mías y son poemas

        para mí;


nuestra alma es una piedra en el camino

que alguien

    sin querer

        patea

para que más tarde la luna

bañe con su luz

un lado nuestro

que no sabíamos que teníamos.

**espectrado**

mi corazón era

la memoria de mi corazón y también

un largo largo pasillo

    lleno de puertas

     en una casa embrujada

vos, o un recuerdo de vos que me haría sonreír,

     me espera detrás

 de una de esas puertas

    pero yo soy el fantasma en mí

y mis manos fantasmales no saben

      abrir puertas

     ni decir adiós

**amor a última vista**


me sigo acordando de esa vez
que fuiste a pararte sobre la roca, frente al mar
   y yo me quedé sentado en el café
      *anda vos*, te dije
      *yo escribo un poema y te alcanzo*;
al final esa vez no escribí ningún poema
     solo te miré de lejos mientras eras
       una sola cosa
         con el mar
    que estallaba a tus pies y el viento
    te hacía bailar aunque no bailaras,
    y me pregunté si alguna vez las cosas
      irían a ser otra vez tan hermosas
      como ese momento.
pasaron mil años de aquella tarde
   y hoy es tan poco
   lo que sé de vos, pero sí encontré
      la respuesta a esa pregunta:
              no

el futuro es un lugar solitario

lo que sea que creímos que teníamos

no era nuestro

solo estaba pasando por nuestra vida

el día declina

el cuerpo declina

el mundo no existe: es una idea

y nuestra idea del mundo declina

con el mundo y nosotros a bordo

las nostalgias ya no son lo que eran

ahora añoro

haberte perdido antes

para tener más tiempo

para soñarte

el futuro es un lugar solitario

solo llegan

los peores

bajo este clima inhóspito

en este mundo hostil

con mi cuerpo a cuestas a través

del pozo rocoso que soy para mí

a esta edad para la que ya es tarde

                    para morir joven

y después de haber visto cómo

todo lo que quise

no existía o se rompía o no era lo que quería

todavía me queda un consuelo;

todavía me veo bien

        en los espejos rotos.

## amar, una torpeza moderna

¿a quién debería amar?
¿a quien me olvidó o a quien me ama
contra toda esperanza y toda cordura
y a quién nunca sabré cómo reciprocar?
¿a quien amé y dejé de amar?
¿a quien amo pero ya no quiero? ¿a quien
no conozco pero presiento?
¿amar a alguien, a cualquiera, a nadie?
suponiendo que yo supiese cómo
y tuviese con qué ¿a quién
debería amar?

¿a la que se fue? ¿a la que quizás vuelva
por la puerta que no cerramos?
¿a quien no conozco pero casualmente dijo
ayer algo que me conmovió?
¿a la figura espectral que se desprende
de mis amores míticos, que pasaron por mí
hace tanto tiempo que al recordar confundo
con películas y poemas que escribí
en los que falsifiqué mi amor
en beneficio de la poesía?

me pregunto si no será

una pregunta equivocada: ¿no tendría

que esperar a que el relámpago del amor

me deslumbre?

¿no tendría que esperar a que aparezca alguien

a quien amar sea inevitable, alguien

que me fascine y hechice y destruya y rehaga,

alguien que alumbre mi vida

con una luz nueva?


pero,

¿alguien así existe?

¿qué clase de alienígena tendría tal intensidad?

¿y si existe pero nunca nos vamos a cruzar?

o quizás ya nos amamos hace mucho

y perdimos

o nos vimos y me odió

o murió (porque la vida es también

una lotería diaria)

o amarla es imposible porque huele mal

o votó a macri

¿para qué esperar la chance mínima

de algo improbable?¿y qué hago conmigo

mientras espero

además de escribir poemas
            y fingir que vivo?


el mundo es vasto y está lleno
                    de desencuentro


¿a quién debería amar?
¿a quien se acerca o a quien se aleja?
¿a quien me intensifica o me cambia,
a quien me rompe o me cose?
¿a quien me enciende o a quien me alivia?
¿amar es una pregunta o es una respuesta?
¿amar es un gesto burgués, un pasatiempo,
un delirio, un tormento impuesto por los dioses
del aburrimiento?
            es agotador tener un corazón
        y no saber para qué
            ni qué hacer con él
                ni dónde ponerlo.

¿no puedo acaso amar un puñado de momentos?

al sol cuando atardece, a la luna sobre el lago,

a la brisa entre las hojas de los árboles,

a este gato, a esta soledad, a la tormenta que viene

      y al libro que todavía no leí

a este vaso con dos dedos de whisky

a mi modo de fracasar en todo

y a mi pulso que tiembla

entre la mortalidad y la eternidad

y sueña que ama

cosas que nunca van a pasar

y por eso tengo

que inventarlas.

## sueño intergaláctico

soñé con vos, qué cagada
recién me despierto
íbamos en un nave espacial a no sé dónde
estaba lleno de gente, una población entera
era de esas naves gigantes
como de Battlestar Galactica
yo caminaba por un pasillo muy angosto
y te vi venir
y pensé en hacerme el boludo, pero no daba
me bastó ver tu cara para saber
qué versión tuya eras
tenías el pelo como antes, y como nunca
más tuviste
pero ya habíamos pasado por todo lo nuestro
ya nos habíamos querido
ya nos habíamos separado
y ahora nos encontrábamos
después de mucho tiempo,
como nunca nos reencontramos
supe que venías hacia mí, que me buscabas
de repente quedamos cara a cara
en ese pasillo por el que no pasan
dos personas

me mirabas a los ojos mientras yo

intentaba no mirarte

alguién me saludó de lejos y yo lo saludé

vos sonreías, callada

era un sueño extraño y se volvió más extraño

cuando me besaste

¿por qué hiciste eso?

después de tantos largos años de nada

¿por qué ahora?

¿por qué en la intimidad de mi sueño?

no nos dijimos una palabra

había algo en nuestro silencio, una complicidad

cada uno tenía que irse, pero la distancia

era un truco que podíamos deshacer

con un gesto

yo seguí

con las cosas que tenía que hacer en el sueño

atravesar el espacio

llevar a la población de la nave a un planeta

encontrar un refugio

entrenar un pelotón, diseñar una estrategia

para combatir una guerra

contra alienígenas nazis

y refundar la civilización

y todo lo hice

fue un sueño largo, intricado

una vida entera

y después me desperté

y de todo no quedaban más

que sensaciones borroneadas

y fragmentos confusos

nada claro de todo lo que pasó, nada concreto

de todas las personas que conocí

excepto vos

el sabor de tu beso

en el pasillo de la nave espacial

brota ahora más intenso aún de mis labios

mientras los muerdo

despierto

soñé una vida entera, un éxodo espacial

una guerra intergaláctica

y lo único

que me traje a la vigilia

fue un rastro silencioso tuyo

la huella

de una ausencia

irredimible

por un segundo sentí el impulso

de contarte el sueño

te busqué en mi celular

y me crucé con una foto tuya

que habías subido ayer

estabas no sé dónde, y hermosa, y reías

y estabas también tan distinta,

mejor callar algunas cosas

no te culpo por los fantasmas míos

que recorren mis sueños: son míos

aunque vos hayas dejado

la semilla de un delirio enterrada en mí

fui yo

quien la regó

todos estos años de silencio

con aguas de un llanto que no lloré

atragantado

**partido**

I

si lo que vivimos
	es solo una parte de nuestras vidas
	¿a dónde está el resto?
	¿se va? ¿se pierde? ¿se queda
		con nosotros para siempre
		caminando al lado nuestro
			cuando caminamos solos?
	¿es lo que soñamos? ¿está
		en lo que escribimos?
	¿es lo que cantamos cuando tarareamos
			una canción
			que no conocemos?
		¿es lo que perdemos
			al despertar?
¿lo reencontramos alguna vez
o es la sensación de una falta
			que nos acompaña a todas partes
			y crece?

el amor es todavía un misterio
           que nunca se resuelve
veo apenas su fosforescencia diurna
cuando se desvanece
pero sus raíces están enterradas
                    nocturnamente
si me quisiste alguna vez fue por algo
      que estaba en otra parte
      si lo que vivimos
      es solo una parte
      la otra parte
      es la verdadera
es donde me esperaste
es donde nos encontramos
es donde nunca sabré ir
solo

## II

¿cómo es que veo de repente

los lugares en los que estuve?

¿cómo es que vuelvo

a lugares de los que me fui hace mucho

y por un instante estoy ahí?

      debió desprenderse de mí una parte mía

      en cada lugar en que fui feliz

algo se quedó cuando me fui

como el fantasma de un gato

que recorre la noche de una casa

en que lo cobijaron;

      es a través de los ojos de ese fantasma

      que veo esos lugares:

soy como un turista de mí mismo

que recorre las ruinas

de una civilización caída

      hay pena en recordar los momentos

      en que fuimos felices

      pero sin esa pena no habría belleza

      ni sabríamos que una vez

         estuvimos vivos.

# río nocturno


ya morimos
hace mucho
y es con labios muertos
   que hablamos el lenguaje del amor,
    tan parecido al silencio
    y al murmullo
        de un río nocturno
              que nunca vimos:
mové tu boca quieta
para llamar al que no va a venir
    y así hacer aparecer
su ausencia; hablale:
todo lo que la ausencia responde
es cierto
y es tuyo

los misterios del amor
se escriben con la punta
del dedo mojada
    en el agua
   de la soledad
       sobre el vidrio empañado
       por el aliento
        del espíritu
        del amor que al perderse reveló
  que solo perdemos
  lo que nunca tuvimos
  pero que esa pérdida sí es nuestra
         y es un pozo
     en el sótano de lo que somos;
hay que atravesar ese pozo
       hacerlo túnel
          y del otro lado
hay un jardín interior
     lleno de cosas que empiezan
          y un lago
  en el que moja sus pies el alma
  y nace

ese amor

arrancado del pecho que se hundió por eso

mucho más adentro

enterró en el fondo

algo tuyo que ahora te falta,

no, no es tan terrible:

de las tumbas también crecen flores

a las tumbas

cosas vivas y cosas muertas se acercan

a cantar canciones y recordar

para qué estuvieron vivas

alguna vez.


el río en el que se vaciaron tus heridas

todavía no desborda;

es un murmullo nocturno

que el silencio despereza


como una boca

que iba a decir algo

y no dijo nada.

los misterios del amor
se escriben en lenguas muertas
pero el libro en que se leen
                es el cuerpo roto,
        disimulado por las ropas
  y los quiebres en la voz,
disimulada por las palabras.


        somos animales que empiezan
        el sol nos entibia y cuando el día cae
                nos acercamos a la última luz
                del atardecer
                        y le pedimos que nos enseñe
                        el secreto de morir
                                dos veces;
        una para aprender
                a callar la lengua muerta del amor
        y mientras nos mordemos los labios
                revisitar lo bello que fue
                        todo lo que no fue


        y otra,
        para siempre.

# fantasear boludamente

esta existencia es una confusión;
hace demasiado tiempo es demasiado tarde
para reparar algo
cualquier instante
de belleza que podamos robar
se lo robamos a la muerte
y es un acto de justicia
hermoso e inútil
contra el sentido de las cosas
que no existe y que el cosmos
nos debe
por habernos arrojado aquí
como gérmenes de la basura del universo
a esperar por cosas que no van a pasar,
a perder el tiempo, a malentendernos
a fantasear boludamente,  a desencontrarnos
y morir.

## mi propia catástrofe

soy para mí mi propia catástrofe
pero para los demás
son coloridos los chispazos del desastre
son intensas
las coreografías del derrumbe;
hasta la humareda hace
delicados dibujos en el cielo
allá arriba, ya lejos del incendio
donde soy y crezco
estallando
un sol íntimo que defraudo
y del que exprimo la ruta
sangrienta que me lleva de vuelta
al principio del poema
y la catástrofe;

te amé
para que me elevaras
y así caer desde más alto

**portátil**

el rostro que amo es la silueta
que arrastran las gotas de la tormenta
en la ventana
tiene ojos del color del fondo
de un océano que nadie
descubrió jamás
si justo
bajase un relámpago
iluminaría las gotas de la ventana
y ese rostro se parecería al de alguien
que no vi nunca;
creo que escucho lo que esa boca iba a decirme
antes de que la lluvia la borre
pero no respondo;
el viento silba todos los nombres
la tormenta es una canción
que canta el pasado
y mi amor es una religión portátil
que sacrifica lo que tiene
por quien no existe.

## un músculo espectral


no voy a encontrar el amor otra vez
    qué alivio
    que los inviernos se sucedan sobre mí
        uno tras otro
        toda la ternura de mi alma está
        en un pasado mítico
            que nunca habité
                salvo en el delirio
                salvo en el poema
    no voy a encontrar el amor otra vez
    solo alucinaciones
que evocan la pérdida de algo que nunca tuve
    mi corazón es un músculo espectral
        que se acelera cuando sueña
        que existe
            pero ya nadie le cree
    qué alivio

# mi corazón es kafkiano


tuvimos un problema matemático
vos y yo
 íbamos juntos
a alguna parte
pero en algún punto vos fuiste para un lado
y yo fui para otro
la pregunta es
si ese camino sigue
sin nosotros
y ya nadie lo recorre
¿quién de los dos llega primero
a los lugares que no tienen sentido
si el otro no está
también ahí?


la respuesta estuvo siempre cerca
no importa
y nunca importó

el que olvida último

   es el que pierde primero

    y mientras tanto

perdemos los dos

      nadie va a llegar nunca

      a los lugares que íbamos a inventar

      cuando llegasemos

  y si alguno de los dos llegase

    llegaría solo

     y a ninguna parte


    y no habría micro de regreso

    y tendría que caminar

     la ruta vacía

      y allí se cruzaría

       consigo mismo

    solo o acompañado

    que estaría yendo al lugar

    de dónde ahora vuelvo

y le advertiría *no vayas*

      *por este camino*

    como quien dice *no ames*

        *a esa mujer*

       *que ya irreversiblemente amás*

y me ignoraría
y está bien
        yo también me hubiese ignorado
        yo también me hubiese adentrado
en los bosques que dan
  a los caminos que van
  al lugar en donde quien amo
                no me espera
            ni vendrá jamás
y me sentaría ahí
a esperar
hasta que alguien
se acercase y me dijera
*este camino era tu camino*
*y ya nadie va a venir nunca más*
*hasta vos*
*porque el amor fue*
*algo que se iba*
*por una ventana abierta*
*en una casa*
*a la que nunca entraste*

y aunque nadie me dijera nada
yo miraría a los ojos
de lo que sea que tenga ojos
    para al fin poder decir
  que es demasiado tarde también para eso
  esa casa no existe todavía
      y dentro mío ya la derrumbé
      y no me importa


y si hay una sábana para taparme
me tapo
        y si hay una caja vacía
la lleno
          y ayudo desde adentro
a cerrarla

# el amor, una definición

ya sabés que el amor no es lo mío.
para mí es un error, o una ilusión
o una patología
un espejismo con el que nos distraemos
del desierto atroz
un modo de sufrir imaginariamente
para no tener que sufrir el flagelo
de la realidad
que es un lugar abominable
lleno de inflación, lleno de fascistas y de gente
que ve gran hermano y de tik-tokers
y de megabobos que deliran
que Cristiano Ronaldo
es mejor que Messi.
en fin, el amor
hay que creer en algo porque si no
nada ni nadie
va a creer en nosotros, ¿no?
es la ficción de la compañía
o la severidad de una biografía
en soledad
y parece que hay un consenso general:

es peor estar solo

que mal acompañado

pero el otro día tuve que viajar a Córdoba.

en el aeropuerto vi una parejita de ancianos.

se movían mal, lento, casi tambaleantes

pero estaban juntos, estaban

de la mano, se apoyaban

el uno en el otro

y daban así pequeños pasitos temblorosos.

y yo

que creía que no tenía corazón

me conmoví

no como cuando Messi ganó el mundial, no tanto

pero me conmoví

como si un músculo que se hubiese muerto en mi infancia

se moviese de repente.


la gente los miraba con ternura,

los dejaban pasar primero, incluso les cedieron

un asiento que tenía ventanilla: sí,

esto me dio un poquito de bronca

pero estaba conmovido y la bronca se deshizo

yo siempre había creído que los vínculos

eran algo efímero, que la pasión cedía pronto

y que si nos quedábamos demasiado tiempo

en un mismo lugar era por el peso
de la costumbre, y por la facilidad que tenemos
a la hora de abandonar
lo que realmente soñamos
por una parcela de comodidad
donde no nos jodan demasiado.


y ahí, inverosímilmente, delante mío
dos viejitos de rostros ajados
se tenían el uno al otro
más allá del deseo físico
más allá de las ilusorias bondades
de la juventud
habiendo trascendido ya todas
las tentaciones del cuerpo,
juntos el uno para el otro
para sostenerse
el uno en el otro
de las inclemencias del tiempo
(literalmente: si uno no estaba ahí el otro
tambaleaba y sin remedio se caía).
por un momento pensé,
quizás hay esperanzas para mí.
bueno, fue un momento
muy breve, es cierto.

esperanzas para mí es una exageración

pero quizás existen

las interrupciones al abismo.

cuando llegamos mi valija apareció pronto

por la manga

algo infrecuente, por lo general, aparecía última

o ni aparecía

quizás el mundo sonreía para mí

ahora que me había sido revelada una evidencia

tan clara del amor.

saliendo, vi que el viejo estaba yendo al baño.

caminaba con mucho trabajo:

era un vejestorio importante

y pensé que si ese cuerpo frágil estaba vivo aún

debía de ser por la fuerza del amor;

entonces fui al baño, un poco pensando

en ayudarlo pero también quería aprovechar

para preguntarle cuál era el secreto

cómo fue que hicieron que su amor durase

tanto tiempo

tan envalentonado estaba por el ansia de saber

que entré al baño quizás

un poquito fuerte

y me llevé puesto al viejo

que cayó al piso despatarrado

*señor, mil disculpas, ¿está bien?¿se lastimó?*

espantado me estaba agachando para ayudarlo

y lo que ví me llenó de horror

el viejo se había partido

en dos

el grito comenzó a nacer en mi garganta

temí haber cometido un viejicidio

pero el viejo me miraba con calma

y me dijo

*pará pibe, no soy un viejo*

*esperame que te explicamos*

*no grites*

*soy dos enanos uno arriba del otro*

del pantalón se asomó una cabeza

y el otro enano dijo

*por favor no grites, yo soy Luis*

mientras agitaba una manito que me saludaba

*y yo soy Bernardo,* dijo el primer enano

se presentaron y me explicaron

que solían viajar en avión así,

uno arriba del otro, porque era más barato

que lo hacían de a cuatro porque caminar

era arduo y se apoyaban

con el otro dúo de enanos.

dijeron que esta era una treta milenaria de los enanos

y que viajaban así desde hace décadas

para economizar y porque no les parecía justo

pagar por un asiento entero

si no lo iban a utilizar en su totalidad

estaban yendo a un recital de la Mona

y pensaban entrar de la misma manera

me pidieron que no revele el ardid

porque perjudicaría poderosamente

al gremio de enanos

y sin dudas tomarían represalias

los ayudé a incorporarse y se fueron

no tenía intenciones de denunciarlos

me sentía triste,

triste y desolado

y bastante tonto

porque no creía en el amor

pero había querido creer

y lo había querido con mucha mucha fuerza

y ahora decepcionado, si me preguntan

qué es el amor

les digo que el amor

son cuatro enanos disfrazados de dos viejos

que estafan a una aerolínea

para ir a ver a la Mona Giménez

y de alguna manera este verso
es más fuerte
y es más grande
que todo el amor
de todas las literaturas

**oh**


oh, lo bien que la hubiéramos pasado
si vos no fueras vos
si yo no fuera yo
    o si al menos nunca
    nos hubiéramos acercado
qué hermoso
pudo haber sido todo
si yo no hubiese descubierto en vos
          algo
    que siempre me faltó
      y que vos
        no tenías
qué fácil hubiese sido decir adiós
      si vos
no lo hubieses dejado
    para que lo encontrara
mucho mucho tiempo después
    de que te fuiste.

## callo

mis amores perdidos
aunque terminaron hace mucho
crecen
todavía en mí
como crecen las enredaderas
en las paredes de casas abandonadas
las mujeres que amé hoy aman
a otros hombres
y son felices de un modo
en que yo no sabría
ser feliz

callo, por supuesto

estas no son cosas que pueda decir a nadie

     no todo termina

no todos los romances se deshacen

no todos los pactos se desvanecen

en el aire y en el tiempo

     no todo pasa

mi amor es una promesa de eternidad

en un mundo sin eternidad

que hago en silencio

    no con vos, mi amor

sino con el amor y con la soledad

y con todos los fantasmas que beben

del lago en el que una vez

se reflejó tu imagen

por eso podés irte y a la vez
no te estarías llevando nada
cada amor que pasó por mí
crece en mí todavía
son flores que brotan
del espectro de una semilla
que la sangre imaginaria de la raíz arrancada
germinó en el fondo
del pantano de mí mismo
hoy ya es un jardín que fosforece en mi noche

bajo a veces a él,

y me dejo tirado en el pasto

para que los insectos

que se alimentan de mi amor

me devoren;


pero me ignoran

como si yo fuese un fantasma

que merodea el cementerio

y al que no hay que prestarle atención

para que no te siga.

# el futuro lejos

para nosotros también el futuro
ya no es lo que era
antes parecía el lugar en el que todo iba a darse
lo que siempre nos salió mal
nos iba a salir bien
íbamos a haber llegado
a donde creíamos que estábamos yendo;
ahora, ya tan cerca, es el lugar
en el que estamos muertos y decepcionados
por eso bebemos y cantamos y gritamos
y nos buscamos y estallamos eufóricos
apasionados por boludeces;
para empujar al futuro lejos
para que no llegue todavía
para exprimirle a nuestra vida que tiembla
al borde de la nada
la gema del instante
quizás ahí nos podemos encontrar
otra vez un rato
y volcar cada cual su infinitud atragantada
en el silencio que hace el corazón
cada dos latidos

para dejarle un lugar al otro,

mientras la eternidad se escurre

por nuestras manos

que todavía no aprenden a tocar lo que aman

sin despedirse.

## beautiful losers

hay dos bandos.
los ganadores y nosotros.
    los ganadores están perdidos.
   están cegados por ganar y pierden
     todo el tiempo.
     nosotros, los perdedores
    ya perdimos todo
       ¿cuántas veces? muchas
       veces mil veces todas las veces
ya aprendimos
 a perder bien
 a perder mejor
fuimos más allá
   de la derrota;
   ya no nos queda nada
      que perder
entonces a veces
   ganamos algo
pequeñas victorias, pizcas
de una alegría clandestina
robada al sinsentido de todo

que no cambia nada a la derrota general
        del cosmos
pero con cuidado
      no mucho
        no queremos creernos ganadores
        eso sería triste,
        de esa derrota
          no se vuelve.

## ask the dust

soñé que habíamos fallado:

aprendimos a morir pero no a reencontrarnos;

teníamos que enterrarnos bajo piedras

para que cuando el sol se apague

y este planeta se desmembre

la gravedad, ya rota, haga flotar

las piedras y nuestros cuerpos

que caerían lentamente en el cielo,

caerían en la eternidad

como si bailaran.

**otra vez**


si muero ahora
aún joven
ya roto pero joven
mierda, todo el tiempo perdido...
los poemas que pude haber escrito
las novelas
que pude haber terminado
todo lo que todavía no hice, mierda
si muero ahora
tan temprano
pero demasiado tarde para dejar
un cuerpo bello detrás
mierda, qué hermoso que fue
qué bien la pasé en todo ese tiempo perdido
qué pena no poder
volver a perderlo otra vez.

cuando muera
    quiero
    ser un fantasma
espero que me den la oportunidad
        sé que puedo hacerlo bien


            estuve practicando
            toda mi vida

# Epílogo

Este libro es la primera parte de la trilogía Mi corazón muerto es el fantasma que rasguña la ventana nocturna.

Escribí estos poemas con algo que se desprendía de mí.

En algún punto del día me iba de mi vida, y algo que no era del todo yo se inclinaba fuera de mí, como alguien que se asoma a una ventana y escribe lo que ve, solo que la ventana era yo y lo que veía, bueno, también yo: una zona crepuscular de mí mismo, algo que solo era visible bajo la luz del solsticio de invierno.

Lo que veía era un mundo abismal e interior, un mundo de flores moribundas, de fantasmas, de casas espectrales, de soledades danzantes que se trenzan en el viento nocturno, de la población del silencio trepando a la garganta de las cosas, y sobre todo, fantasmas, espejismos, imágenes de cosas que no saben que no están vivas.

Escribir se volvió mi forma de avanzar en ese mundo, y a la vez el mapa que iba anotando para saber dónde pisar para volver a mí.

Una sensación se consolidaba: la de ser un fantasma que deambula el mundo en busca de su tumba.

Así como quien busca su hogar, la idea sepultada de hogar en la infancia, o un refugio para pasar la tormenta, yo era un halo de mí mismo que flotaba por sobre el ecosistema devastado de mi vida consciente.

Había perdido mucho, y esas pérdidas se habían quedado en mí, habían echado raíces y ahora hacían crecer un bosque feroz que, como una boca lasciva, quería comerme vivo.

Quizás escribir fue la linterna con la que alumbré las cuevas que cavé en mí para huir de mí.

Cuando volvía al mundo, el mundo no hacía más que corroborar mi condición de fantasma. El mundo en el que vivía con los demás, el mundo, por así decirlo, real, se había fantasmatizado. Se había vuelto una imagen en una pantalla.

El otro se había vuelto una imagen en una pantalla. Mis memorias, mi dinero, la tomografía que no dio bien se habían vuelto una imagen en una pantalla. Las cifras de muertos, las fotografías de las ruinas de la guerra o de mis últimas vacaciones, el horror del mundo, la actualización en tiempo real del delivery viniendo hacia mí, etc.

Fantasmear, ghosteado, espectralizarnos.

Somos poco menos que píxeles desintegrándose.

Cada paso dado en el mundo de los demás era un paso solitario, que me adentraba en los espejismos de mi propio abismo.

Fue una grata experiencia, pero irresoluble. El lenguaje como documentación de lo que soy cuando no soy en el mundo real, de lo que veo cuando cierro los ojos, de lo que respiro en mi asfixia.

Hace tiempo que el mundo me desencantó, y que quiero irme a un rincón en el que no haya mundo. Como ese rincón no lo hallé aún, lo invento en mis poemas.

Todo es, en definitiva, amor y muerte.

Es decir, soledad y vida.

Creo que me hundí en el lenguaje buscando algo. Escribí buscando. Y no encontré nada. Salvo lo que había antes: yo y mi abismo y mi búsqueda, que de algún modo es como decir: un ansia fuera de esto, del aquí y del ahora. Pero los poemas terminaron por ser los ladrillos de un lugar que puedo llamar mi hogar. Una casa vacía, que embrujo con mi espectralidad.

Ojalá nos encontremos en algún sueño o en algún pasillo.

Ojalá no me espante si me encuentro.

# Agradecimientos

*A Hojas del Sur, por darme cobijo.*

*A los amigos, por distraerme de mí.*

*A Modigliani, el mejor gato del mundo.*

# ÍNDICE

Esperamos que este libro
haya sido de su agrado.
Para información o comentarios,
contáctenos en la dirección
que aparece debajo.

Muchas gracias.